Mein erstes Wimmelbuch

Das ist mein Tag

Suchen und Finden

CARLSEN

Christine Kugler

NIA

Aufstehen, ein neuer Tag beginnt! Mit Mamas Hilfe sind Max und Mia schnell angezogen. Nach dem Frühstück heißt es Zähneputzen.

Wo hat sich Mias Teddy versteckt? Und wo ist die zweite Socke von Max?

Auf dem Weg zum Kindergarten treffen sie Lea und Paul. Bei der Ampel müssen die Fußgänger auf grünes Licht warten. Die Müllabfuhr ist auch schon unterwegs!

Hast du Mias Teddy schon entdeckt?
Und wer sitzt da auf dem Abfalleimer?

BÄCKEREI
Kindergarten

Der Tag im Kindergarten beginnt mit einem Lied. Danach rennt Max in die Spielecke. Mia möchte lieber erst ein Bild malen.

Wo ruht sich Mias Teddy aus?
Und was hat Max aus der Spielecke geholt?

Nach der Mittagspause dürfen alle Kinder nach draußen. Mia und ihre Freundin Lea schaukeln heute. Max spielt lieber im Sand.

Wo steckt Mias Teddy?
Und findest du auch den Bagger?

Findest du diese Dinge im Bild?

Frisches Vollkornbrot
GRATIS AKTION
CHIA
Muuuh

Am Nachmittag holt Mama Max und Mia wieder vom Kindergarten ab. Jetzt müssen sie noch einkaufen: Obst, Gemüse – und Brot für das Abendessen.

Hast du Mias Teddy gesehen?
Und was hat Max geschenkt bekommen?

Auf dem Heimweg gehen die drei noch beim Bauernhof vorbei. Max und Mia schauen zu, wie der Bauer die Hühner füttert.

Hast du Mias Teddy entdeckt?
Und wer knabbert da am Rucksack von Max?

Bio-Käse!

Guten Appetit! Beim Abendessen erzählen alle von ihrem Tag. Und vor dem Schlafengehen gibt es natürlich noch eine Gute-Nacht-Geschichte …

Wo sitzt Mias Teddy?
Und was hat Papa denn da gemacht?

Findest du diese Dinge im Bild?

Schau mal, was Mia und Max alles erlebt haben!
Was war wohl das Schönste an ihrem Tag?

Entdeckst du Mias Teddy?
Und was bringt der Postbote?

Findest du diese Bilder im Buch?